SingLiesel

Unverhofft kommt oft

Die schönsten Sprichwort-Geschichten zum Lachen und Schmunzeln

von Linus Paul

MIX
Papier aus verantwortungsvollen Quellen
FSC® C014138
www.fsc.org

Autor:
Linus Paul

Illustrationen:
Nikolai Renger

Druck: FINIDR, Czech Republic
Satz: Röser MEDIA GmbH & Co. KG, Karlsruhe
ISBN 978-3-944360-34-8

www.singliesel.de

Einleitung ... 7

Selbst gezogene Bohnen ... 8

Apfelernte ... 12

Die Skatrunde ... 16

Taubendreck ... 20

Sturm, Regen und ein Donnerwetter ... 24

Vom Winde verweht ... 28

Muttertag ... 32

Das Gartenhaus ... 36

Stachelbeeren ... 40

Der Anzug ... 44

Der Streich ... 48

Ein warmer Frühlingstag ... 52

Das Mäuerchen ... 56

Der Sonntagsbraten ... 60

Die lose Dachpfanne ... 64

Der Dielenboden ... 68

Die Blumentapete ... 72

Die Werkzeugkiste ... 76

Einleitung

Der Schneidermeister Franz und seine Ehefrau Hedwig lebten gemeinsam mit ihren Kindern Max und Ida in ihrem Haus am Ende der Straße.

Das Haus war klein. Auch die Zimmer waren winzig. Im Garten gab es einen großen Apfelbaum, ein kleines Kräuterbeet, ein großes Gemüsebeet und sogar einen Hühnerstall. Und da es ein altes Haus war, gab es immer wieder etwas zu reparieren. Und dennoch liebte die ganze Familie dieses kleine, alte, windschiefe Häuschen.

Selbst gezogene Bohnen

Hedwigs ganzer Stolz war der Gemüsegarten hinter dem kleinen Haus, in dem sie mit ihrem Mann Franz und ihren beiden Kindern wohnte. In dem Garten zog sie jedes Jahr nicht nur allerlei Gemüse. Auch ein kleines Kräuterbeet hatte sie angelegt.

In diesem Jahr hatte Hedwig Bohnen gepflanzt. Eine ganze Armada von Bohnenpflanzen stand hinten im Garten Spalier. Strebsam rankten sich die Bohnenpflanzen an den Stangen in die Höhe. Nun war Erntezeit. Hedwig war überrascht, wie reich die Pflanzen trugen.

Die Ernte hätte für weit mehr Leute als ihre vierköpfige Familie genügt. Doch da die Familie nicht mehr Esser hatte, gab es nun jeden Tag grüne Bohnen. Matjes mit Bohnen am Freitag, Bohnenauflauf am Samstag und Bohnen als Beilage zum Braten am Sonntag.

Franz und die Kinder hatten langsam genug von Bohnen. Gestern, heute, morgen ... Bohnen, Bohnen, Bohnen .... Dennoch lobten sie jeden Tag treu Hedwigs Essen.

Von all den vielen Bohnen hatte Franz schon einen ganz dicken Bauch. Jeder weiß ja, was passieren kann, wenn man viele Bohnen isst.

Und so kam es, dass die ganze Familie sich an diesem Abend an ein altes Sprichwort erinnerte. Als Franz sich vorbeugte, um nach der Schüssel mit den Bohnen zu greifen, passierte es.

Laut und unüberhörbar entfuhr ihm ein Pups. Max lachte, seine Schwester Ida hielt sich sofort die Nase zu. Und Hedwig sagte nur, ohne eine Miene zu verziehen:

Jedes Böhnchen …

Jedes

Böhnchen

gibt ein

Tönchen.

Apfelernte

In dem kleinen Garten hinter dem Haus von Hedwig und Franz stand ein alter, knorriger Apfelbaum. Dieser Apfelbaum trug jedes Jahr die schönsten Früchte. Auch in diesem Herbst bogen sich die Äste des Baums unter der Last der Früchte fast bis zum Boden. „Es ist Erntezeit“, dachte Hedwig. Und so drückte sie ihrem Ehemann Franz und ihrem Sohn Max Weidenkörbe in die Hand und schickte sie in den Garten.

Als Belohnung für ihre Arbeit versprach sie ihren beiden Männern einen frisch gebackenen Apfelkuchen. Sie rief Ida, ihre Tochter. Gemeinsam machten sie sich daran, den Kuchenteig vorzubereiten.

Hedwig und Ida ließen sich Zeit. Sie genossen den ruhigen Moment ohne die beiden Männer. Dennoch waren Mutter und Tochter mit ihren Vorbereitungen schneller als Franz und Max bei der Ernte.

„Franz! Max!“, rief sie durch das geöffnete Küchenfenster. „Könnt ihr mir ein paar Äpfel für den Kuchen bringen?“ Sie wartete ein paar Minuten. Nichts tat sich. Vielleicht hatten die beiden sie nicht gehört. Noch einmal rief sie. Auch diesmal kam keine Reaktion. Also wischte sich Hedwig die Hände trocken und ging in den Garten.

Dort fand sie ihren Gatten und ihren Sohn lang ausgestreckt unter dem Apfelbaum liegen. Die Weidenkörbe waren noch leer. Vater und Sohn – beide dösten friedlich im Schatten. Hedwig lachte und rief: „Das alte Sprichwort behält in eurem Fall wirklich Recht:

Der Apfel fällt …

Der Apfel
fällt nicht weit
vom
Stamm.

Die Skatrunde

Jeden Mittwoch ging Franz direkt nach dem Arbeiten zum Stammtisch. Die Stammtischrunde traf sich meist zum Skat. Dabei ging es nie um hohe Einsätze. Aber ohne um Geld zu spielen, hätte es auch keinen Spaß gemacht.

Mit von der Partie waren Horst Tschibulski, ein überaus korrekter Beamter beim Vermessungsamt, Junggeselle und passionierter Kaninchenzüchter, außerdem Hans Tralala, der ununterbrochen essen konnte, ohne zuzunehmen, und Doktor Lampe, der Direktor der Volksschule. Die vier kannten sich schon lange. Sie hatten bereits gemeinsam die Schulbank gedrückt – und in den Schulpausen den ersten Skat gedroschen.

Franz war eigentlich keine Spielernatur. Aber an diesem Abend hatte er eine Glückssträhne. Ein ums andere Mal gewann er. Vor ihm türmten sich die Münzen.

Und so wie die Münzen sich türmten, so schnell drehten sich die Zeiger der Uhr. Es wurde acht, halb neun, neun, halb zehn. Währenddessen saß Hedwig, seine Frau, zu Hause in der Küche.

Hedwig hatte an diesem Tag Dampfnudeln gekocht. Und wie jeder weiß, kann man Dampfnudeln nicht lange warm halten. Um acht Uhr hatte sie mit Franz gerechnet. Um diese Zeit kam Franz sonst immer vom Stammtisch nach Hause. So sehr Franz die Zeit vergessen hatte, so genau studierte Hedwig die Uhr. Es wurde acht, halb neun, neun, halb zehn.

Fünf Minuten später zog sie ihren Mantel an. Und weitere zehn Minuten später stürmte sie in das Wirtshaus. Aber als sie Franz dort Karten spielend am Tisch sah, donnerte sie nicht etwa los, sondern flüsterte ihm leise ins Ohr: „Du wirst merken, was das alte Sprichwort bedeutet:

Glück im Spiel, …

Glück
im Spiel,
Pech
in der
Liebe.

Taubendreck

Hedwig ärgerte sich über den Taubendreck vor der Haustür. Vor ein paar Tagen hatte sich ein Taubenpaar vor dem kleinen runden Dachfenster eingenistet. Immer wieder fiel Taubendreck herab und landete direkt vor der Haustür.

So sehr sie Tiere und auch Tauben mochte, der Taubendreck war ein echtes Ärgernis. Ihr Ehemann Franz versprach ihr daher, schnell Abhilfe zu schaffen.

Dafür nutzte er die Zinken einer alten Gartenharke, die seit Langem im Schuppen vor sich hin rostete. Die Zinken nagelte er einfach auf das kleine Brett vor dem Dachfenster, auf dem sich die Tauben bisher so wohl gefühlt hatten. So konnten die Tauben nicht mehr vor dem Dachfenster nisten.

Nach getaner Arbeit stand Franz vor der Haustür, um sein Werk zu begutachten. Da näherte sich eine Taube. Ohne Franz zu beachten, flog die Taube zielstrebig zum Dachfenster. Mitten im Flug stockte sie und schlug heftig mit den Flügeln. Denn auf dem bisher so gemütlichen Landeplatz befanden sich nun die Stahlstifte der alten Harke! Franz freute sich, dass sein Plan funktionierte – auch wenn ihm die Taube ein wenig leidtat.

Die Taube dagegen bekam beim Anblick der spitzen Stahlstifte einen derartigen Schreck, dass sie just in dem Moment, in dem Franz sich für sein gelungenes Werk selbst lobte, abermals Taubendreck fallen ließ.

So erfolgreich sein Werk war, das Eigenlob kam doch etwas verfrüht. Während er den Taubendreck von seinem Hemd wischte, dachte Franz bei sich:

Man soll den Tag nicht ...

Man soll
den Tag nicht
vor dem
Abend loben.

Sturm, Regen und ein Donnerwetter

„Geschafft“, sagte Schneidermeister Franz zu seinem Gesellen. „Das war das letzte Kostüm.“ Seit dem frühen Morgen hatten die beiden die Kostüme für das diesjährige Stück des Laientheaters genäht.

Stunde um Stunde hatten die beiden an diesem warmen Sommertag bei offenem Fenster in der Nähstube gesessen. Jetzt hatten sie sich eine Belohnung verdient. Aufräumen konnten sie auch morgen. Kurzerhand lud Franz seinen Gesellen auf ein Bier in den nahe gelegenen Biergarten ein.

Wenig später saßen die Männer mit lang ausgestreckten Beinen vor ihrem Bier. Sie genossen den warmen Sommerabend.

Ein oder auch zwei Bier später verabschiedeten sich Franz und sein Geselle voneinander. Keiner der beiden dachte mehr an die unaufgeräumte Nähstube – oder an das offene Fenster. Das war ein Fehler, wie sich bald zeigen sollte.

Mitten in der Nacht schreckte Franz auf. Fernes Donnergrollen kündigte ein Gewitter an. Ein Sturm zog auf. Bald prasselten die ersten Regentropfen gegen die Scheibe. Franz wollte sich gerade umdrehen und weiterschlafen, da fiel ihm das offene Fenster der Nähstube ein. Blitzschnell sprang er aus dem Bett, hinein in Hose und Jacke und radelte zu seiner Werkstatt.

In der Schneiderei herrschte ein wildes Durcheinander. Bei dem Anblick dieses Durcheinanders schwor sich Franz:

Was du heute kannst besorgen, ...

Was du heute
kannst besorgen,
das verschiebe
nicht auf morgen.

Vom Winde verweht

Als Bub hatte Franz von einer Karriere als Filmschauspieler geträumt. Sonntags war er immer wieder heimlich ins Kino gegangen. Er hatte sich durch den Hintereingang in das Kino geschlichen. Dort hatte er Filme mit John Wayne, James Dean, Humphrey Bogart und vielen weiteren großen Filmstars angesehen.

Im Dunkel des Kinosaals hatte er von großen Abenteuern geträumt. Als Cowboy ritt er durch die Prärie, als Pirat kämpfte er mit der königlichen Flotte, als Musketier focht er mit Mantel und Degen um die Gunst der schönsten Töchter des Landes.

Zu Hause spielte er die Szenen vor dem Spiegel nach. Dafür malte er sich zum Beispiel ein Bärtchen ins Gesicht, wie Errol Flynn es trug in „Vom Winde verweht".

Seine Liebe zu Hedwig und ihre frühe Schwangerschaft beendeten seine Träumereien. Aus dem künftigen Hollywood-Star wurde dann doch ein Schneidermeister. An die Stelle des Degens trat die Nähnadel. Und statt der Segel bauschten sich die Stoffballen.

Seine schauspielerischen Ambitionen beschränkten sich fortan auf die Aufführungen des Laientheaters. Mit Inbrunst gab er dort die Rolle des jugendlichen Liebhabers.

Wer nun glaubt, dass Franz an manchen Tagen wehmütig an seine Jugendträume zurückdachte, täuscht sich. Franz liebte seine Frau, seine Kinder und er liebte seinen Beruf als Schneider. Mit einem Wort: Franz war glücklich.

Und so sah man Franz nach Feierabend zufrieden vor seiner Schneiderei auf der Bank sitzen. Statt des aufregenden, unsicheren Lebens eines Schauspielers genoss er sein ruhiges und solides Dasein als Handwerker und dachte bei sich: Es stimmt, …

Handwerk
hat …

Handwerk hat goldenen Boden.

Muttertag

Zum Muttertag wollten Max und Ida ihrer Mutter Hedwig eine besondere Freude bereiten. Schon vor Tagen hatten sie beschlossen, heimlich einen Kuchen zu backen. Heute sollte der Plan in die Tat umgesetzt werden.

Schon oft hatten die Kinder Hedwig beim Kuchenbacken geholfen. Sie waren sicher, dass sie es diesmal auch alleine schaffen würden. Frohen Mutes machten sie sich ans Werk.

Schnell türmten sie die Zutaten für den Gugelhupf auf den Küchentisch. Doch ihr Vorhaben wollte nicht recht gelingen. Eier, Mehl, Butter, Vanillezucker und Backpulver bildeten eine dicke, klumpige Masse.

Ratlos sahen die Kinder sich an. Am einfachsten war es, ihren Vater um Rat zu bitten. Doch auch Franz wusste nicht recht weiter. Da kam der Großvater zur Küchentür hinein.

Drei Generationen werkelten nun mehr schlecht als recht an dem Kuchenteig. So groß wie ihr Eifer war ihr Ungeschick. Nach kurzer Zeit hatten Kinder, Vater und Großvater den Teig an den Händen, den Hosen und in den Haaren.

In diesem Moment betrat Hedwig die Küche und sah das Chaos. Lachend schlug sie die Hände über dem Kopf zusammen und rief:

Viele Köche verderben …

Viele Köche
verderben
den Brei.

Das Gartenhaus

Seit Jahren hatte sich Hedwig ein Gartenhaus gewünscht. Dort könnte sie alle Gerätschaften für ihren Gemüsegarten und ihren Kräutergarten unterbringen und im Frühjahr Setzlinge ziehen.

Kurz vor ihrem Geburtstag wollte Franz seiner Frau diesen Wunsch erfüllen. Da Hedwig an diesem Samstag in aller Früh zu einem Besuch bei ihrer Schwester aufgebrochen war, machte sich Franz bald ans Werk.

Stunde um Stunde sägte er Bretter, legte ein Fundament für das Gartenhäuschen, nahm immer wieder Maß, nagelte und hämmerte. Nach und nach nahm das Häuschen Gestalt an.

Nur die Tür fehlte noch. Bevor er sie einbaute, wollte Franz noch schnell einen Arbeitstisch in das Gartenhaus stellen und etwas aufräumen, da es bereits dämmerte.

Wenig später machte sich Franz daran, die Tür einzusetzen. Leider klemmte die Tür. Da hatte er sich ordentlich vermessen.

Kurzerhand legte er die Tür auf den Arbeitstisch und sägte und hobelte. Immer wieder setzte er die Tür zur Probe ein. Immer wieder passte sie nicht ganz.

Eben noch hatte er das Gartenhaus aufgeräumt. Jetzt füllte sich der Boden mit Spänen, und auch Franz war voller Säge- und Hobelspäne. Jacke, Hose, Schuhe, selbst die Haare waren voller Späne.

In diesem Moment kehrte Hedwig heim und lachte, als ihr fleißiger Gatte rief:

Wo

gehobelt wird, ...

Wo
gehobelt wird,
da fallen
Späne.

Stachelbeeren

Hedwig liebte das kleine, alte Häuschen, in dem sie mit ihrem Mann Franz und ihren beiden Kindern Max und Ida lebte. Das Schönste daran war der Garten hinter dem Haus mit dem Gemüsebeet und dem alten Apfelbaum.

Ganz hinten im Garten standen, etwas unzugänglich, ein paar alte Stachelbeersträucher. An diesem Nachmittag entdeckte Hedwig, dass sie voller Beeren waren. Hedwig liebte es, Marmelade einzukochen. Und ihr Mann Franz liebte Stachelbeermarmelade.

Flugs griff sich Hedwig ein Weidekörbchen. Die Ernte war mühsam. Ihre Kinder halfen ihr nicht. Sie wussten, dass man sich dabei leicht piksen konnte. Also sagten sie ihrer Mutter, dass sie noch ganz viele Hausaufgaben machten mussten. Hedwig schmunzelte bei dieser Ausrede. Normalerweise nutzten ihre Kinder jede Gelegenheit, um keine Hausaufgaben zu machen. Aber im Vergleich zu den stacheligen Sträuchern schienen die Hausaufgaben auf einmal doch ganz verlockend.

Auch Franz konnte ihr nicht helfen. Ihr Ehegatte hatte Probe beim Gesangsverein. Und nach der Probe würden die Männer noch gemeinsam ein Bier trinken.

Also machte sich Hedwig allein an die Ernte. Beere für Beere pflückte sie vom Strauch. Dabei war sie immer darauf bedacht, sich nicht zu piksen. Es war eine mühselige Arbeit. Doch die Vorfreude auf die Stachelbeermarmelade machte das wett. Lächelnd dachte Hedwig an das alte Sprichwort:

Ohne Fleiß, …

Ohne Fleiß,
kein Preis.

Der Anzug

Horst Tschibulski war seit Schultagen ein enger Freund des Schneidermeisters Franz. Tschibulski war Beamter im Vermessungsamt. Er war äußerst korrekt, um nicht zu sagen pingelig. Er war ein alter Junggeselle, was manche mit seiner überaus peniblen Art in Verbindung brachten. In seiner Freizeit war er passionierter Kaninchenzüchter.

Mit diesem Steckenpferd hatte er es nun endlich zur Meisterschaft gebracht. Sein Rammler Rudi hatte mehrere Pokale gewonnen. Jetzt sollte Tschibulski seinen prächtigen Hasen auf der großen Kreismeisterschaft präsentieren.

Dafür benötigte Tschibulski natürlich einen neuen Anzug. Also besuchte er seinen alten Freund Franz in dessen Schneiderwerkstatt. Schnell war der Stoff ausgewählt und Tschibulski vermessen. Das Nähen sollte der Lehrling übernehmen.

Natürlich wusste auch der Lehrling, wie penibel Tschibulski war. Vielleicht war er deshalb so nervös. Immer wieder misslang ihm etwas. Immer wieder musste er eine Naht auftrennen und von Neuem beginnen. Der Anzug musste jedoch bis zum nächsten Tag fertig werden. Allein saß der Lehrling im Schein einer funzeligen Lampe in der kalten und ungeheizten Nähstube. Erst weit nach Mitternacht vollendete er sein Werk. Ein Seufzer der Erleichterung entfuhr ihm, und leise sagte er zu sich selbst:

Übung macht ...

Übung macht den Meister.

Der Streich

Max und Ida, die Kinder des Schneidermeisters Franz und seiner Frau Hedwig, liebten die Geschichten von Max und Moritz. Immer wieder lasen sie in ihrem alten, inzwischen ganz zerfledderten Kinderbuch von den Streichen der beiden Lausbuben.

Max und Ida hatten natürlich selbst auch große Freude daran, anderen einen Streich zu spielen. Nicht selten wurden dabei ihre Eltern Opfer des Streichs. So stellten sie beispielsweise eines Sonntags eine Mausefalle unter den Tisch. Und als ihr Vater Franz seinen Morgenkaffee trank und sich gemütlich ausstreckte, da schnappte die Mausefalle zu und fing seinen großen Zeh. Man kann sich vorstellen, wie wütend Franz war. Wäre Hedwig nicht gewesen, die Kinder hätten wohl erstmals eine Backpfeife bekommen.

Ein anderes Mal malten die beiden Kinder ihrem Vater, als er Mittagsschlaf auf dem Sofa hielt, einen Bart in das Gesicht. Franz bemerkte nichts davon. Erst Stunden später sah er den aufgemalten Bart bei einem zufälligen Blick in den Spiegel.

Auch heute hatten sich Max und Ida einen Streich ausgedacht. Franz hatte sich für diesen Tag vorgenommen, den Garten umzugraben. Immer wieder ging er in den Schuppen, um allerlei Gerätschaften zu holen. Das nutzten Max und Ida für ihren Streich.

Als ihr Vater im Garten war, stellten sie einen Eimer mit Wasser auf die angelehnte Tür. Sobald Franz das nächste Mal den Schuppen betreten würde, würde der Eimer – na was wohl? – herunterfallen. Und so kam es.

Pitschnass stand Franz in der Tür des Schuppens, während seiner Kinder lachend riefen:

Alles Gute ...

Alles Gute
kommt von oben.

Ein warmer Frühlingstag

Franz freute sich über die ersten Sonnenstrahlen. Der Wetterbericht hatte wechselhaftes Wetter vorhergesagt. Doch an diesem Morgen war der Himmel strahlend blau. Kein Wölkchen war am Himmel zu sehen. Es schien so, als ob es der erste warme Sonntag in diesem Frühling werden würde.

Beim Frühstück teilte Franz seiner Frau seine Pläne mit. Diesen Sonntag würde er sich in der Sonne im Garten entspannen. Hedwig äußerte ihre Bedenken. Hatte der Wetterbericht nicht wechselhaftes Wetter angekündigt? Franz war das einerlei. „Papperlapapp!“, sagte er. Nach dem Frühstück holte er die Gartenliegen und den Gartentisch aus dem Schuppen.

Hedwig seufzte. Sie wollte keine Spielverderberin sein. Also suchte sie ihr Strickzeug, um ihrem Mann im Garten Gesellschaft zu leisten. Franz hatte es sich derweil auf seiner Liege gemütlich gemacht. In etwas weiterer Ferne zog ein Vogel seine Kreise am Himmel. „Ob das nicht schon eine Schwalbe ist …“, dachte er bei sich.

Hedwig blickte in die entgegengesetzte Richtung. Dort formten sich die Wolken langsam zu immer größeren Türmen. Der Wetterbericht würde wohl Recht behalten.

Franz hatte nur Augen für den Vogel. War es eine Schwalbe oder nicht? Hedwig dagegen hatte nur Augen für die schnell näher kommenden Wolken. Würde es ein Gewitter geben oder nicht?

Tatsächlich trafen dann beide Ereignisse aufeinander. Ganz tief flog der Vogel über Hedwig und Franz hinweg. Im selben Moment donnerte es. Wohl aus Schreck verlor der Vogel etwas Vogeldreck. Der Vogeldreck landete direkt auf Franzens Hemd. Und einen Augenblick später fielen die ersten Tropfen vom Himmel auf Hedwigs Bluse. Franz fluchte. Hedwig lachte und rief:

Eine Schwalbe macht noch keinen …

Eine Schwalbe macht noch keinen Sommer.

Das Mäuerchen

Von allen handwerklichen Tätigkeiten mochte Franz das Malern am wenigsten. Heute nun wollte er endlich das kleine vermooste Mäuerchen vor dem Haus weißeln.

Seit Wochen lag Hedwig ihm damit in den Ohren. Mit viel Mühe und Liebe hatte Hedwig die kleinen Blumenkästen, die auf dem Mäuerchen standen, bepflanzt. Jeden Tag erfreute sich Hedwig an der Blumenpracht.

Das schäbige Mäuerchen war ihr allerdings ein Dorn im Auge. „Wie sieht denn das aus …?“, dachte sie jedes Mal, wenn sie beim Nachhausekommen an dem Mäuerchen vorbeikam. Sie war froh, dass Franz sich heute endlich daranmachte, das Mäuerchen zu streichen. Keck sah er aus mit seinem Hut aus Zeitungspapier …

Der fröhliche Anblick, den er bot, entsprach nicht unbedingt seiner Laune. Etwas lustlos machte er sich an sein Tagwerk. Doch mit der Zeit fand er Gefallen daran. Tatsächlich sah das Mäuerchen mit jedem Pinselstrich schöner aus. Das strahlende Weiß würde das Leuchten der vielen bunten Blumen unterstreichen. Hedwig hatte Recht gehabt. Es war wirklich an der Zeit gewesen, das Mäuerchen zu streichen.

Vor lauter Eifer merkte Franz nicht, dass der Farbeimer auslief und er in einer Farbpfütze stand. Nach einer Weile waren im Vorgarten und auf dem Gehweg lauter weiße Spuren von seinen Schritten.

Was Franz nicht sah, sah sein alter Schulfreund Tschibulski, der seinen täglichen Spaziergang machte. Schon aus der Ferne rief er seinem Freund, dem Schneidermeister Franz, zu: „Auch wenn du kein Schuster, sondern Schneider bist – in diesem Fall passt das alte Sprichwort:

Schuster,
bleib …

Schuster,
bleib bei deinen
Leisten.

Der Sonntagsbraten

Mürrisch blickte Franz auf seinen Teller. Statt des Sonntagsbratens lag dort nur eine Scheibe Schwarzbrot. Was war passiert?

Schon vor Wochen hatte Hedwig Franz gebeten, den Griff an der Tür, die zum Garten führte, zu reparieren. Jeden Tag war Franz eine neue Ausrede eingefallen. Mal war er zu müde, dann fehlte das richtige Werkzeug, dann hatte er etwas Wichtiges zu tun …

Und heute Morgen war es dann passiert. Wie jeden Morgen hatte Hedwig die Eier aus dem Hühnerstall geholt. Als sie danach die Tür zum Haus öffnen wollte, hielt sie den Türgriff in der Hand! Zu allem Überfluss regnete es in Strömen. Und Franz war nicht zu Hause. Kurz zuvor hatte er sich zum sonntäglichen Stammtisch verabschiedet. Eine geschlagene Stunde saß Hedwig auf den Stufen zur Hintertür, in der einen Hand den Korb mit den Eiern, in der anderen Hand den Türgriff. „Na warte, Franz“, sagte sie zu sich, „heute kannst du dein blaues Wunder erleben.“

Nichts ahnend kam Franz mit dem Fahrrad angeradelt. Mit der einen Hand hielt er den Lenker, mit der anderen einen großen schwarzen Regenschirm. Es war ein kurioser Anblick, wie er so mit seinem Fahrrad um die Pfützen kurvte, um Spritzer zu vermeiden.

Fröhlich pfeifend schloss er wenig später die Haustür auf. Er ging in die Küche, um Hedwig zu begrüßen. Doch da war keine Hedwig. Wie auch? Hedwig saß ja seit einer geschlagenen Stunde draußen vor der verschlossenen Tür. „Hedwig wird sicher noch auf einen Plausch bei der Nachbarin sein“, dachte Franz. „Nutze ich die Zeit und rauche noch ein Pfeiflein.“

Gut gelaunt öffnete er die Hintertür. Dort sah er seine Frau. „Hedwig …!“, rief er. Seinen Satz konnte er nicht mehr beenden. Wutschnaubend und ohne ihn eines Blickes zu würdigen, stapfte Hedwig an ihm vorbei. In der Garderobe griff sie nach Schirm und Mantel und verließ grußlos das Haus. Kurz vor dem Gartentor drehte sie sich noch einmal um und rief: „Heute kannst du selber kochen! Das hast du wirklich verdient, …

Wie die Arbeit, …

Wie die Arbeit,
so der Lohn.

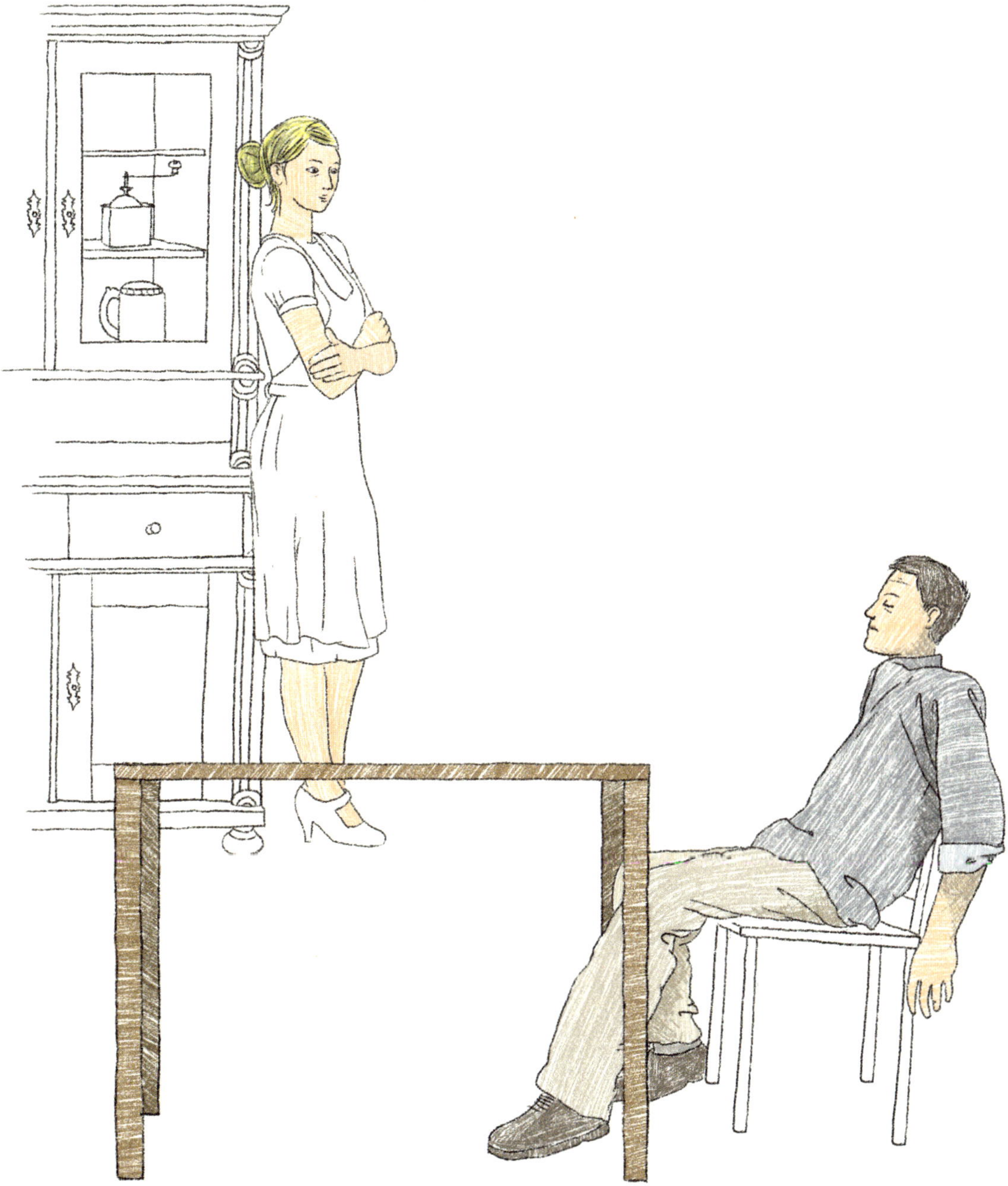

Die lose Dachpfanne

Gerade war Franz mit dem Fahrrad nach Hause gefahren. Nach einem langen Tag in seiner Schneiderwerkstatt wollte er sich nur kurz auf dem Sofa in der Küche ausstrecken und vielleicht, wenn ihn keiner störte, ein kleines Nickerchen halten.

Doch das Nickerchen würde heute wohl ausfallen. Dunkle Wolken kündigten ein Gewitter an. Bereits in der letzten Nacht hatte es ununterbrochen gestürmt und geregnet. Dabei war ganz offensichtlich eine Dachpfanne verrutscht. Denn in der Früh hatte sich eine kleine Pfütze am Treppenabsatz gebildet.

Franz seufzte, als er das Fahrrad an die Hauswand lehnte. Statt wie sonst üblich in die Küche und aufs Sofa führte ihn der Weg heute zum Schuppen. Dort holte er die Leiter, um auf das Dach zu steigen. Wenig später befand sich Franz auf seinem schwankenden Weg auf das Dach.

Just in dem Moment stürmten die beiden Kinder Max und Ida aus dem Haus. Mit der Leiter hatten sie nicht gerechnet – und rannten dagegen.

Die Leiter schwankte und kippte samt Franz nach hinten gegen den Schuppen! Franz hing nun wie ein Käfer an der Leiter! Nur einen Moment konnte er sich noch halten. Dann fiel er.

Zum Glück stand genau an der Stelle ein Heuhaufen, den er am Vortag aufgeschichtet hatte. Da dachte Franz bei sich: Man muss nur …

Glück im …

Glück im Unglück haben.

Der Dielenboden

Seit Jahren knarrte die Diele am Spülstein. Kein Wunder, Jahr um Jahr waren dort Berge von Geschirr gespült worden. Inzwischen knarrte die Diele derart, dass Franz oft aus seinem sonntäglichen Mittagsschlaf hochschreckte, wenn Hedwig in die Küche kam.

An diesem Nachmittag wollte er endlich die Dielenbretter austauschen. Mit dem Leiterwagen machte er sich auf den Weg in die nahe gelegene Schreinerei. Nach einem kurzen Plausch hatte er passende neue Bretter und machte sich pfeifend auf den Rückweg.

Schnell musste er feststellen, dass die neuen Dielenbretter nicht passten. Sie waren zu kurz. Franz fluchte. Grummelnd legte er die alten Bretter wieder an ihren angestammten Platz. Er verzichtete darauf, die Bretter festzunageln, was sich alsbald als Fehler erweisen sollte. Ein weiteres Mal machte er sich mit dem Leiterwagen auf den Weg.

Zurück von seinem abermaligen Ausflug zur Schreinerei lud Franz die neuen Bretter vom Leiterwagen. „Diesmal passen die neuen Dielen mit Sicherheit!“, rief er Hedwig zu. Polternd und ächzend betrat er die Küche. In den Armen hielt er mit Mühe die neuen Dielenbretter, die ihm zudem die Sicht versperrten.

Es kam, wie es kommen musste. Franz trat auf das längste der alten Dielenbretter, das ihm sogleich entgegenschoss und ihn direkt an der Stirn traf. Hedwig fing an zu lachen. Schimpfend rieb sich Franz die Stirn, an der bereits eine große Beule wuchs, und sagte:

Wer den Schaden hat, ...

Wer den Schaden hat, braucht für den Spott nicht zu sorgen.

Die Blumentapete

Schon seit Langem wünschte Hedwig sich eine neue Tapete für das Wohnzimmer. Diesen Wunsch wollte Franz ihr heute erfüllen.

Es war schon fast dunkel, als Hedwig mit dem Fahrrad auf den Hof fuhr. Aus dem geöffneten Küchenfenster hörte sie lautes Stimmengewirr und das Klirren von Gläsern.

„Gott sei Dank", dachte sie. Es hörte sich ganz so an, als sei ihr Mann Franz gemeinsam mit dem Nachbarn mit dem Renovieren der Wohnstube fertig geworden. Sie freute sich bereits darauf, das Wohnzimmer in neuem Glanz erstrahlen zu sehen. Nach vielen Überlegungen hatte sie sich für eine hellgrüne, geblümte Tapete entschieden, die fabelhaft zum Bezug des Sofas passte. Sie war ihrem Mann Franz dankbar, dass er ihr diesen Wunsch erfüllte, mochte er selbst doch das Blumenmuster weit weniger als sie.

Nachdem Hedwig ihr Fahrrad im Schuppen abgestellt hatte, ging sie ins Haus. „Ich will noch schnell einen Blick in die Wohnstube werfen, ehe ich die Männer begrüße", dachte sie.

Als sie das Wohnzimmer betrat, erstarrte Hedwig für einen kurzen Moment. Dann wendete sie sich mit enttäuschtem Blick ab. Das Wohnzimmer sah aus wie eh und je. Keine Blumen und kein zartes Grün an den

Wänden. Nur die Möbel hatten die Heimwerker beiseite geschoben und einen Tapeziertisch aufgestellt. Mehr nicht!

Wütend betrat sie die Küche. Dort traf sie nicht nur ihren Mann Franz und den Nachbarn an, sondern dazu einige Mitglieder des Männergesangvereins. Weder Franz noch seine Sangesbrüder hatten Hedwig bemerkt.

Erst als Hedwig mit lauter Stimme „Franz!" rief, schauten die Männer auf. Schuldbewusst zogen sie die Köpfe ein. Hedwig nahm mit energischem Griff die Flasche Kirschwasser vom Tisch und rief:

Erst die Arbeit, …

Erst die Arbeit, dann das Vergnügen.

Die Werkzeugkiste

In Hedwigs Küche hing seit vielen Jahren ein kleines Holzbrett für Geschirrtücher. Nebeneinander waren dort ein Geschirrtuch für Teller, eines für Gläser und eines für das Besteck aufgehängt.

Kleine Emaille-Schilder wiesen jedem Geschirrtuch seinen Platz zu. Darüber war ein kleines Brett, auf dem einige Töpfchen mit Küchenkräutern standen.

Durch das Gewicht der nassen, schweren Geschirrtücher war das Brett buchstäblich aus dem Leim gegangen. Nur zwei dünne Nägel hielten es noch zusammen. Es fehlte nicht mehr viel, dann würde das Brett in einzelnen Teilen zu Boden fallen. Daher bat Hedwig ihren Mann Franz, das Brett wieder so zusammenzunageln, dass es die nächsten Jahre ohne Probleme die Geschirrtücher und die Küchenkräuter tragen würde.

Diesen Wunsch erfüllte Franz seiner Frau gerne. In seiner Werkzeugkiste würde er bestimmt passende Nägel finden. Auch wenn dies einige Zeit in Anspruch nehmen würde – denn Ordnungssinn war nicht Franz' Stärke. In seiner Kiste lagen Werkzeug und Schrauben und Nägel wild durcheinander. Heute fand er noch nicht einmal die Werkzeugkiste! Dabei wusste er doch ganz sicher, wo er sie das letzte Mal abgestellt hatte!

Verwundert fragte er seine Frau Hedwig: „Hast du die Werkzeugkiste gesehen?“ „Ja“, sagte Hedwig und brachte ihm die Kiste, die sie an einen Platz geräumt hatte, an dem sie sonst nie stand.

Franz war darüber verärgert und wollte gerade lospoltern. Doch als er die Werkzeugkiste öffnete, verpuffte sein Zorn sofort. Hedwig hatte den Inhalt der Werkzeugkiste sortiert! Werkzeug und Nägel und Schrauben lagen in schönster Ordnung in der Kiste, sodass Franz sofort die passenden Nägel fand. Hedwig lächelte und sagte:

Ordnung …

Ordnung
ist das
halbe Leben.